1 MONTH OF
FREE
READING

at
www.ForgottenBooks.com

By purchasing this book you are eligible for one month membership to ForgottenBooks.com, giving you unlimited access to our entire collection of over 700,000 titles via our web site and mobile apps.

To claim your free month visit:
www.forgottenbooks.com/free554355

ISBN 978-0-656-65159-7
PIBN 10554355

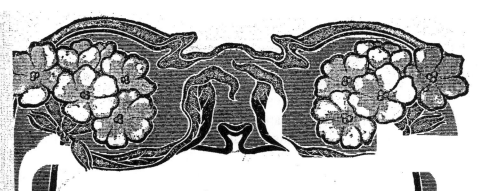

„MONA VANNA"

ODER

EINQUARTIERUNG IN PISA.

EIN NACKTES SEELENGEMÄLDE IN
- EINEM MANTEL OHNE AUFZUG. -

VON

CARL LINDAU UND JULIUS WILHELM.

o VERLEGT IN WIEN 1903 o
BEI J. EISENSTEIN & CO.

Storage
995

PERSONEN
der gemischten Handlung:

EAU DE COLOGNA:
Commandant des Veteranenvereines in Pisa.

MONA-VANNA:
Seine Gemahlin.

MARCUS:
Ihr Schwiegervater, ein blödsinniger Greis. Ehrenmitglied der Versorgungsanstalt in Ybbs.

PRINZIPALI:
Schwadroneur im Solde von Florenz.

STRIZZIWUZI:
Marktcommissär und Schächter.

TONELLO:
Lieutenant.

MEDIO:
Privatdiener des Prinzipali.

Edelleute, Krieger, Söldner, Chini*), Henkersknechte, Ochsen, Schafe, Schweine, Backhendeln, Leberwürste, Augsburger mit Erdäpfeln, Schusterlabeln**) und andere Delicatessen.

ERSTER ACT:
Die verkaufte Braut.
ZWEITER ACT:
Ein Stündchen auf dem Comptoir.
DRITTER ACT:
Einen Jux will sie sich machen.

*) Name einer Wiener Firma. In Deutschland wegzulassen.
**) Für Deutschland der Name irgend eines bekannten Gebäcks zu setzen.

ERSTER ACT

1. Scene.   Schauplatz:
Saal in Pisa.

Tonello, gleich darauf Cologna.

TONELLO: (steht am Fenster und seufzt einigemale.)
Ja — ja — ja — ja!

COLOGNA: (tritt ein, mit einem Fetzen Zeug in
der Hand.) Ja — ja. Da sieh her!

TONELLO: Was ist das?

COLOGNA: Der letzte Rest des Hungertuches, an
dem das Volk nagt. Sie haben nichts mehr zu kauen
— nicht einmal Ricy.

TONELLO: Ja — ja!

COLOGNA: Ich kann die Rückkehr meines Vaters
nicht erwarten — wess' Kunde bringt er wohl aus
Feindes finst'rem Munde?

TONELLO: Weiss ich?

COLOGNA: Wenn uns nicht Hilfe naht, muss
heute noch die ganze Stadt sich übergeben?

TONELLO: Ja — ja! Aber was nun?
COLOGNA: Ha! — Ich höre meinen Vater nähen!
Er naht!

2. Scene.

Vorige. Marcus (alter Depp*), mit langem Kleide, Filzpatschen und einem langen Shawl um den Hals geschlungen, Stock in der Hand.)
COLOGNA: (stürzt mit einem Aufschrei an den Hals des Marcus) Ha! Mein Vater! Papa! Papa! Schon da! Schon da!
MARCUS: Ach ja! Ach ja!
TONELLO: Ja — ja — ja — ja! Was nun?
COLOGNA: Oh, öffne doch des Mundes breiten Schlund, und gib mir schleunigst doch die Kunde kund: Ist wirklich unser Feind so unerbittlich — ein Mann ganz ohne Herz?
MARCUS: Im Gegentheil, er ist ein ganz gemüthlicher Kerl; wir haben tarokirt miteinander und er hat oft Herz gehabt. Einmal sogar den Herzbuben.
COLOGNA: Vater! Schweig' still! Nichts mehr von Tarok! Wo Pisa's Volk bereits des Stiefels dünne Sohle kaut. Sprich vernünftig!
MARCUS: Unmöglich! Das kann kein Mensch von mir verlangen!
TONELLO: Ja — ja!
COLOGNA: Was ist Prinzipali für ein Mensch?
MARCUS: Ein fescher Kerl! Für Alles Schöne begeistert.
COLOGNA: Und was fordert er von uns?

---
*) schwachsinniger Greis.

6

MARCUS: Also höre! Prinzipali will der Stadt Pisa ausrangierte Tramwaywägen voll Kudelfleck*), Einbrennsuppen und anderen Südfrüchten schicken! (schüttelt Tonello und Cologna die Hand) Ochsen! Rinder! Schafe! Maulesel! Schöpsen!

TONELLO: Ha — wir sind erkannt!

MARCUS: Aber nein! All' dieses Geflügel will er uns auch schicken. Schickst Du ihm zum Tausche nur — für eine einzige Nacht — —

COLOGNA: Was?

MARCUS: Deine Frau.

COLOGNA: (stürzt vor) Ha! Mir das! — — Ist's Wahnsinn, der mir um den schrillen Scheitel saust und kraus und wirr dem Unheil mich verquickt?

MARCUS: Oh, mein Sohn! Bist Du auch schon so blöd wie ich? — Aber beruhige Dich, es kommt noch ärger! Er will, sie soll zu ihm kommen, wie ein Apfelstrudel!

COLOGNA: Was heisst das?

MARCUS: Ausgezogen.

TONELLO: Der hat ein' fein' Gusto! Ha — ha!

MARCUS: Und darüber — nichts als ein Paar Ohrgehänge — und einen Mantel. Wenn ihm am Morgen graut, schickt er sie postwendend retour.

COLOGNA: (stürzt auf Marcus, schüttelt ihn wüthend, zieht dann an seinem Shawl an der einen Seite , Tonello auf der anderen Seite, als wollten sie ihn erwürgen) Ha — Elender!

---

*) Für Deutschland: Will der Stadt Pisa ausrangirte Pferdebahnwägen voll Eisbeinen mit Sauerkohl u. s. w

MARCUS: Lass' mich — ich bin Ehrenmitglied der Versorgungsanstalt!

COLOGNA: Aber Du hast recht! Was soll ich mich erhitzen! Kenne ich nicht meine Frau besser! Wird sie je einwilligen zu solch schnödem Handel? Meine Vona Manna, Wonne! Wanne! Monna! Wanna kunnt' ma!*)

MARCUS: Deine Frau weiss Alles — ich hab' es ihr gesagt!

COLOGNA: Oh, Du schamloser Altgeselle! Aber ich kenne sie — sie hat sich geweigert!

MARCUS: Einen Schmarrn!**)

COLOGNA: Was sagte sie?

MARCUS: Nichts. — Aber sie zieht sich bereits aus!

COLOGNA: Ha! (stürzt nach vorne) Ha! Ist mir's doch, als tanzte Pisa's schiefer Thurm auf meiner Nase empörter Spitze — die gleich Tamtamschlag mir in die Ohren feltscht und zischend mir der Seele Schellenklang entzweit!

(Das Volk hinter der Scene murrt. «Sauerkraut, gelbe Rüben! Würstel! Gollasch mit Nockerln!» und ähnliche Ausrufe dringen durch das Gemurre.)

MARCUS: Hörst Du, wie der Magen des Volkes knurrt?

3. Scene.

Vorige. Mona Vanna (im schwarzen Mantel).

COLOGNA: Mona Vanna! Mein Weib! Was hast Du vor?

---

*) Für Deutschland statt Wanna kunnt ma: Oh Wonne Manna!

**) Für Deutschland: Im Gegentheil!

8

MONA: Ich will das Volk retten.

COLOGNA: Und Du willst gehen? Ist das die Wahrheit?

MONA: Die nackte Wahrheit.

COLOGNA: Ah, dann willst Du ihn, wie Judith den Holofernes abmurxen?

MONA: Was hätte ich davon? Dann würden seine Söldner die Stadt stürmen — denn er wird doch nicht so dumm sein, und den Proviant schicken bevor — — —

COLOGNA: Du hast Recht! Ach, hätte ich nur eine Schwiegermutter!

ALLE: Warum?

COLOGNA: Ich würde sie ihm senden, und dann wäre die ganze Stadt entsetzt!

MONA: Darum muss ich gehen, die Stadt retten!

COLOGNA: Also gehe! Lebe wohl! Grüss' mir den Schwager!

(Mona Vanna geht nach hinten, begleitet von Tonello, Marcus und Cologna.)

Offene Verwandlung bei verfinsterter Bühne.

Ein über die ganze Bühne reichender Vorhang. fällt vor; rechts werden drei angestrichene Vogelhäuser herabgelassen, welche Glühlichter enthalten.)

(Krieger bringen ein mit einem Bärenfell bedecktes Sopha herein und stellen es links auf, desgleichen einen Tisch und einen Stuhl.) Es wird hell

9

ZWEITER ACT.

1. Scene.

Prinzipali und Medio treten auf.

PRINZIPALI: (zu Medio) Wie spät ist's?

MEDIO: Halber zehne.

PRINZIPALI: Es ist die Stunde der Entscheidung! Was gibt's Neues?

MEDIO: Strizziwuzi wünscht Euch zu sprechen.

PRINZIPALI: Lass' ihn herein.

MEDIO: (zieht den Vorhang zurück.)

2. Scene.

Strizziwuzi tritt auf. — Medio geht ab.

STRIZZIWUZI: (kahler Schädel, langen Talar, unter dem Arm, deutlich sichtbar, ein riesig langes Dolchmesser, kommt langsam vor, setzt sich und zieht langsam die Handschuhe aus; steht dann auf.)

PRINZIPALI: Du bist doch unbewaffnet?

STRIZZIWUZI: Wie Du siehst — ich habe keine Waffe versteckt.

PRINZIPALI: Was willst Du von mir?

STRIZZIWUZI: Ich habe einen wichtigen Auftrag vom Gemeinderath der Stadt Florenz.

PRINZIPALI: Und der ist?

STRIZZIWUZI: (zieht den Dolch und will Prinzipali in den Kopf stechen.)

PRINZIPALI: (fällt ihm in den Arm und entwindet ihm den Dolch) Ha! Mörder! Dein Anschlag ist missglückt!

STRIZZIWUZI: (holt aus und gibt ihm eine Ohrfeige.) Da nimm dieses.

PRINZIPALI: Ha — ich fühle mich getroffen. (Man hört jetzt erst den Schlag.) Aber warum will mich Florenz beseitigen?

STRIZZIWUZI: Du bist uns über den Kopf gewachsen. Wir brauchen nur Hohlköpfe.

PRINZIPALI: Ah! Dann sind wir ja gute Freunde! Medio!

MEDIO: (Tritt ein.)

PRINZIPALI: Legt ihn in Ketten, diesen Hund! Aber behandelt ihn gut — ich liebe solche Feinde! (Strizziwuzi wird von zwei Landsknechten abgeführt.)

MEDIO: Herr, Ihr blutet ja!

PRINZIPALI: (nimmt einen Spiegel besieht sich darin, fährt mit der linken Hand, in welcher er eine Schminkstange hält, über die Stirne) Richtig! Helles Blut!

MEDIO! Herr — Ihr seid auch geschwollen!

PRINZIPALI: Du würdest mich sehr verbinden, wenn Du mich verbinden würdest.

MEDIO: (bindet ihm den ganzen Kopf mit einem riesig grossen färbigen Taschentuch ein.)

11

PRINZIPALI: Ein Schuss! Das verabredete Signal!
Sie ist es! Gehe und lass' uns allein!

MEDIO: (ab.)

PRINZIPALI: Jetzt muss ich mich zusammennehmen,
denn im dritten Act habe ich sowieso gar nichts
zu reden!

3. Scene.
Prinzipali und Mona.

MONA: (tritt ein, stellt sich in der Mitte auf und
sagt ruhig) Da bin ich! (Sie hat einen deutlich
sichtbaren Blutstreifen an der Hand.)

PRINZIPALI: Ha, Ihr habt Blut an der Hand! Seit
Ihr verwundet?

MONA: Eine Kugel traf mich am Knie.

PRINZIPALI: Zeigt mir die Wunde!

MONA: (will sich von oben an entblössen.)

PRINZIPALI: Genug! Ich glaub es auch so! Aber
ich staune — Ihr kommt! Ihr eine anständige Frau
— in mein Zelt — Warum?

MONA: Ich will die Stadt retten.

PRINZIPALI: Und Euer Gatte?

MONA: Der hat geschimpft.

PRINZIPALI: Ihr habt nur diesen Mantel an!?

MONA: Ja! (will ihn abwerfen.)

PRINZIPALI: Danke! Ihr habt die Bedingungen er-
füllt — Ich sende die versprochenen Wagen mit
Proviant nach Pisa. Wollt Ihr das Schauspiel sehen?

(Pfeift auf einem kleinen Pfeiferl, zieht den Vorhang
zurück. Ein Carroussel aus Holz, welches von zwei **12**

Kutschern mit Peitschen getrieben wird, wird sicht-
bar. Brüllen von Kühen, Wiehern von Pferden.
Blöcken von Schafen. Das Zurufen der Kutscher
und Treiber etc. ist hörbar.)
PRINZIPALI: Genügt Euch das? (Zieht den Vorhang
wieder zu.)
MONA: Ja — also, nun — wollen wir die Stadt
retten!? (Will den Mantel abwerfen.)
PRINZIPALI: Halt! Noch vor wenigen Minuten
wollte mich ein Elender ermorden. Zum Glück
ging sein Stahl daneben und nur diese Beule — —
MONA: Ich sehe, Ihr seid geschwollen!
PRINZIPALI: Vielleicht habt auch Ihr Waffen bei
Euch, einen Dolch — Gift?
MONA: Ich habe nichts als meine Ohrgehänge und
meinen Mantel.
PRINZIPALI: Was nützt mir der Mantel, wenn er
nicht gerollt ist? Ihr seid müde? Macht Euch's be-
quem!
MONA: (setzt sich) Ja, ich brenne danach die
Stadt zu retten. Aber nun sagt mir, we seid Ihr?
PRINZIPALI: Kennt Ihr mich denn nicht mehr?
MONA: (Mit kindischem Erstaunen) Nein, nein!
PRINZIPALI: Ihr waret 8 Jahre und ich zwölf, als
ich zum ersten Male Euch sah. Es war in Vene-
dig — —
MONA: Ah, bei der Wasserrutschbahn?*)
PRINZIPALI: Ihr fielt hinein. Ich zog Euch an's

13   *) Für Deutschland: Ah, in «Venedig in Wien» bei der
Wasserrutschbahn?

Ufer — da habt Ihr mich geküsst — und seitdem lieb ich Euch.

MONA: Ich entsinne mich. — Ihr ward damals blond.

PRINZIPALI: Und Ihr ward schwarz; so ändern sich die Moden.

MONA: Warum aber — da Ihr mich liebt, und wisst, dass ich leider eine anständige Frau bin — bestandet Ihr darauf — dass ich nur im Mantel komme? Das ist doch eigentlich eine Gemeinheit?

PRINZIPALI: Aber es macht volle Häuser! Glauben Sie, dass das Stück so ziehen würde, wenn der Vorwurf nicht eben aus demselben lüsternen Stoff wäre, wie Euer Mantel?

MONA: Aber dann gehört das Stück doch in die Josefstadt!**)

PRINZIPALI: Oh — man will bei uns auch einmal was Pikantes sehen!

MONA: Und nur aus Liebe zu mir, habt Ihr Florenz verkauft und den Rath hintergangen?

PRINZIPALI: Ja — schon als Bub als Kleiner mit zwei Spatzenbeiner lieb' ich Euch! Der Wunsch Euch zu besitzen, verzehrte mein Gehirn! Ein Feuerbrand floss lawinengleich durch meine Adern — wie tausend Scorpionen verfolgte mich Euer Bild in wahnwitzdurchschnarchten Nächten!

MONA: Schmerzt Euch die Beule — Ihr redet so geschwollen!

_____

**) In Deutschland nennt man an dieser Stelle eine Bühne an der das frivole, französische Genre gepflegt wird.

14

PRINZIPALI: Nicht wahr?! Die Sprache ist schwer! Ich habe lange genug an dem Satz gebüffelt!

MONA: Aber nun lasst uns Pisa retten!

PRINZIPALI: Zu spät! — Euer Seelenadel hat mich entwaffnet!

MONA: Ach was — Ich pfeife auf den Seelenadel! — Ihr seid ein sonderbarer Schwärmer!

PRINZIPALI: Zum Beweise meiner Hochachtung werde ich Euch durch meinen Knappen unberührt zurückgeleiten lassen!

MONA: Schade, — dass Ihr so ein Ehrenmann seid!

4. Scene.

Die Vorigen. — Medio.

MEDIO: (stürzt herein) Rettet Euch Herr — der hohe Rath hat beschlossen, Euch festzunehmen! —

PRINZIPALI: Ha — ist's so weit! Ich will mich meiner Haut wehren!

MONA: Nicht doch — kommt mit nach Pisa — Ich bürge für Eure Sicherheit!

PRINZIPALI: Was aber wird Euer Gatte sagen?

MONA: Er wird brummen — wie gewöhnlich — aber leider ist mein Gewissen rein!

PRINZIPALI: Dann komm'!

MEDIO: (Zieht den Vorhang ganz zurück. Ein rothes Glühlicht ist an dem Prospekt sichtbar.)

PRINZIPALI: Siehst Du das grosse Licht in der Ferne?

MONA: Von Filippi?

PRINZIPALI: Nein von Pisa!

MONA: Es ist die Lampe im Schlafgemach meines Mannes! Er erwartet mich!

PRINZIPALI: Komm! Schmücke sein Heim mit mir!

MONA: (schwärmerich, in's Zelt zurückblickend.) Die Vanna geht und nimmer kehrt sie wieder! Ach! Es wär' so schön gewesen — — es hat nicht sollen sein!

(Beide gehen sich umschlingend ab.)

Die Bühne verfinstert sich — Verwandlung. Die Stühle etc. werden wieder abgetragen. Vogelbauer werden hochgezogen. Der Zeltvorhang geht hoch. Es ist die Decoration des ersten Actes wieder sichtbar. Es wird hell.

DRITTER ACT.

1. Scene.

Tonello. Marcus. (Sitzen an einem mit Speisen und Getränken reichbesetzten Tisch und essen.) Gleich darauf Cologna.

TONELLO: Ja, ja! Aber was nun? (isst ein Gefrornes).

COLOGNA: (kommt) Da isst das Volk auf meine Kosten! Ich bezahle die Mahlzeit mit meinem Weibe! Ach wie sie pampfen!*) Und ich bin grau geworden über Nacht! (Cologna trägt im dritten Act eine schneeweisse Perücke) Ich bin diese Nacht um 10 Minuten älter geworden! (Zwei Locken in Form eines Geweihes stehen vom Kopfe ab).

MARCUS: (isst Schaumrollen) Famos! Die sind vom Demel!**) Willst Du nicht auch kosten mein Sohn?

COLOGNA: Ich habe schon gefressen.

Freudenruf hinter der Scene: Mona-Vanna!

MARCUS: Sie kommt! Sie kommt!

COLOGNA: Ich will sie nicht sehen. (stürtzt ab).

---

*) Für Deutschland: Wie sie einhauen.
**) Der Name eines bekannten Conditors zu nennen.

2. Scene.

Die Vorigen. — Mona Vanna und Prinzipali treten vom Volk umgeben und mit Freudenrufen umrauscht ein.

MARCUS: (umarmt sie)

MONA: Deine Küsse schmecken süss, Vater!

MARCUS: Das glaub ich, seit zwei Stunden iss ich nichts als Indianerkrapfen! Willst Du nicht kosten? Du hast ein Anrecht darauf!

MONA: Nein, wo ist mein Gatte?

(Prinzipali steht im Hintergrunde, einen Mantel um sich geschlungen.)

COLOGNA: (tritt ein).

MONA: (stürzt auf ihn zu)

COLOGNA: Rühr' mich nicht an! Du hast Pisa gerettet.

MONA: Das habe ich! Und dennoch darfst Du mich umarmen, denn ich verliess sein Zelt wie eine Schwester! Ich bin unberührt!

COLOGNA: Ha! Das kannst Du der Frau Plaschke erzählen.

MARCUS: Oh — ich glaube Dir — Mona-Vanna!

COLOGNA: Ich aber nicht! Und keiner von Euch! Oder sprecht!

(Das Volk bleibt stumm.)

MONA: Und doch ist es so! Es klingt ungläublich, aber wahr!

COLOGNA: Weib — Du bist besessen!

MONA: Nein — er hat mich nicht besessen! (deutet auf Prinzipali) Frage in doch selbst!

COLOGNA: Wer ist er?

18

MONA: Prinzipali!

COLOGNA: Ha! Ist es möglich? Nun begreife ich — Du hast ihn verlockt mitzugehen — damit wir das Opfer schlachten können!

MONA: Nein — (wirft sich ihm entgegen) es darf ihm kein Haar gekrümmt werden. Er ist so schön frisiert. Und ich bürgte für seine Sicherheit.

COLOGNA: Ah, dann bist Du in ihn verliebt und willst ihn retten. Aber das besiegelt sein Los. Holt die Henkersknechte! Schleppt ihn auf's Fagott!

(Zwei Henker treten auf mit einer grossen Hanfschlinge.)

MONA: Nein! Nein! So hört denn die Wahrheit. Ja — er hat mich besessen! (Allgemeines Entsetzen.) Ich habe mich nur geschämt es zu sagen! Aber — ich wollte ihn selbst langsam umbringen! Ich allein! Ganz muss ich ihn haben! Führt ihn in das schönste Cabinet — und gebt mir den Schlüssel! Ich will ihn langsam verhungern sehen!

COLOGNA: Wie?!

MONA: (leise zu Prinzipali während sie seine Hände fesselt) Sei ruhig — Bubi — ich liebe Dich — werde Dich befreien, und dann fliehen wir in ein freies Land. (laut) Seht her — so hab' ich ihn geküsst — um ihn mitzulocken. (küsst ihn)

COLOGNA: Famos! Mona-Vanna! Daran erkenne ich sie. So hat sie mich auch schon oft gepflanzt*) wenn sie ein neues Kleid wollte.

MONA: Führt ihn hinweg.

---

*) Für Deutschland: So hat sie mich auch schon oft geuzt u. s. w.

(Prinzipali lässt sich lautlos abführen).
COLOGNA: Ich kenn' mich nicht aus. Er spricht
kein Wort. Ist er ein Mensch oder ein Automat.
Der reine Phroso!
MONA: Vater bring' mir den Schlüssel, bring mir
den Schlüssel!
MARCUS: Jawohl! (eilt ab)
COLOGNA: (zählt an den Knöpfen) Er hat sie
besessen — nicht — hat sie — nicht — hat sie.
Verfluchter Knopf! Du wirst mich nicht äffen! (reisst
den letzten Knopf ab).
MONA: (zu Marcus der den Schlüssel bringt) Ah!
Da bringst Du den Schlüssel! Nur ich darf ihn
sehen! Kein anderes Weib darf ihn verhungern sehen!
Der böse Traum ist zu Ende! (leise) Der schöne
Traum beginnt.
MARCUS: (isst weiter)
COLOGNA: (nimmt einen Abstauber der auf dem
Tisch liegt, aus dem er die einzelnen Federn reisst,
indem er dabei spricht): Er hat sie — hat sie nicht
— hat sie — — — — (Gruppe) Glockengeläute.
            (Der Vorhang fällt.)

CPSIA information can be obtained
at www.ICGtesting.com
Printed in the USA
BVHW040845281118
534013BV00011BB/650/P